Electromagnetismo

1002A

Jenna Winterberg

Asesor

Michael Patterson,
Ingeniero en sistemas principal
Raytheon Company

Créditos de imágenes: Portada y pág.1 YONHAP/
epa/Corbis; pág.7 (superior) Art Directors &
TRIP/Alamy; pág.13 (derecha inferior) Lourens
Smak/Alamy; pág.25 (ilustraciones) Tim Bradley;
pág.6 Joseph-Siffred Duplessis; págs.25–26 Rob
MacDougall/Getty Images; pág.32 Lexa Hoang;
págs.2–13 (fondo), 13 (centro), 14–15 (fondo), 15
(inferior), 19 (derecha), 23–24 (fondo), 25 (fondo)
iStock; pág.9 (superior) Scott Franklin and Miao Miao
for NONDESIGNS; págs.14, 20 Courtney Patterson;
pág.21 NASA; págs.28–29 (ilustraciones)
J.J. Rudisill; pág.20 Cordelia MolloyScience Source;
pág.16 (izquierda) GIPhotoStock/Science Sources;
pág.18 Phil Degginger/Science Source; todas las
demás imágenes cortesía de Shutterstock.

Teacher Created Materials
5301 Oceanus Drive
Huntington Beach, CA 92649-1030
http://www.tcmpub.com

ISBN 978-1-4258-4683-1
© 2017 Teacher Created Materials, Inc.

Contenido

Fuerzas

Has usado auriculares. Has mirado la televisión. Has trabajado en una computadora. Es posible que hayas andado en automóvil. Incluso que hayas montado en una montaña rusa de alta velocidad. La misma fuerza proporciona energía a todas esas cosas. Esa fuerza es el *electromagnetismo*.

La palabra es un trabalenguas. Pero desglosarla hace que sea más sencilla de comprender. *Electro* significa "eléctrico", como en **electricidad**. *Magnetismo* hace referencia a la atracción entre determinados metales. Antes se creía que la electricidad y el magnetismo eran dos fuerzas separadas. Pero ahora sabemos que ambas están interrelacionadas.

El electromagnetismo en plena tarea

Las grúas electromagnéticas se pueden usar para levantar y mover contenedores sobre camiones y barcos. Se enciende el electroimán para levantar el contenedor. Se apaga para colocar el contenedor en el lugar correspondiente.

Electricidad

Muchos creen que Benjamín Franklin descubrió la electricidad, pero para el siglo XVIII, el descubrimiento tenía miles de años.

Los antiguos griegos sabían que la electricidad era un tipo de energía. También sabían que su energía podía transferirse de un elemento a otro. Lo aprendieron frotando trozos de piel sobre ámbar. Descubrieron que se generaba una atracción entre la piel y la piedra. Esto ahora se llama **electricidad estática**, pero no tenía nombre en ese entonces.

Entonces, ¿qué estudió Franklin? Los relámpagos. Creía que los relámpagos eran un tipo de electricidad estática. Para evaluarlo, necesitaba capturar la energía en el aire y transferir la carga a otra cosa. Entonces ató una llave a una cometa y usó un alambre para conectar la llave a un frasco que almacenaría la energía. La cometa subió hasta las nubes.

Benjamín Franklin

La estática en acción

Puedes crear electricidad estática. Infla un globo, frótalo contra tu camiseta y sostenlo contra una pared. ¿Qué sucede cuando lo sueltas?

¡El 9 de enero es el Día Nacional de la Electricidad Estática en Estados Unidos!

Ahora todo lo que necesitaba Franklin era una tormenta. Cuando llegó el momento, él y su hijo prepararon la cometa y esperaron. Pero Franklin no quería esperar bajo la lluvia, entonces fue a sentarse al granero, donde estaba seco y abrigado. Pasó el tiempo y casi estaba por darse por vencido. Entonces notó que las fibras del cordel estaban paradas. Franklin tocó la llave y tuvo una descarga.

¡Franklin tenía razón! Había electricidad estática en el aire. Esto significaba que el relámpago era eléctrico. Aunque casi no vive para contar su descubrimiento. Al igual que el alambre metálico, el agua es un **conductor**. Ayuda a las cargas eléctricas a desplazarse. Esto significa que la electricidad del relámpago puede moverse a través de un cordel mojado. Un hombre que sostuviera ese cordel mojado habría recibido una descarga grande. Por suerte, a Franklin no lo alcanzó un rayo.

Incluso después del experimento de Franklin, las personas sabían muy poco sobre la electricidad. No fue hasta después que aprendieron a usarla y controlarla

lámpara de agua

Una idea brillante

La lámpara de agua usa la conductividad del agua para crear electricidad. Se enciende y brilla cuando se introduce una delgada vara metálica en el agua. Para apagar la lámpara, se retira la varilla del agua.

La electricidad puede ser peligrosa. ¡Busca siempre a un adulto que te ayude con cualquier trabajo de electricidad que hagas!

Átomos

El primer paso para controlar una fuerza de la naturaleza es comprenderla. Entonces, ¿qué hace que funcione la electricidad? La ciencia no encontró esta respuesta hasta el siglo XIX. En ese momento, los científicos descubrieron el **electrón**.

Los electrones son muy muy pequeños. Se encuentran dentro de pequeños pedacitos de materia llamados **átomos**. Los átomos también son muy pequeños. Son mucho más pequeños que las minúsculas células que componen el cuerpo. De hecho, billones de átomos caben dentro del punto que está al final de esta oración. Estamos hechos de átomos. Al igual que nuestros amigos y mascotas. Nuestros hogares y escuelas también. Hasta las estrellas están hechas de átomos. Toda la materia está compuesta de átomos.

Los **protones** se encuentran en el centro de los átomos. Tienen una carga positiva. Los electrones se mueven a su alrededor. Tienen una carga negativa. Estos dos opuestos se atraen. Como resultado, los protones mantienen a los electrones en **órbita**. Se parece un poco a la forma en la que la Luna orbita alrededor de la Tierra.

Cada año, tu cuerpo reemplaza el 98 por ciento de sus átomos.

Modelo de átomo

El siguiente modelo de átomo ayuda a los científicos a visualizar los átomos. Pero en realidad nunca nadie ha visto uno con sus propios ojos. Incluso los microscopios más poderosos solo nos dan una idea general de cómo se ve un átomo.

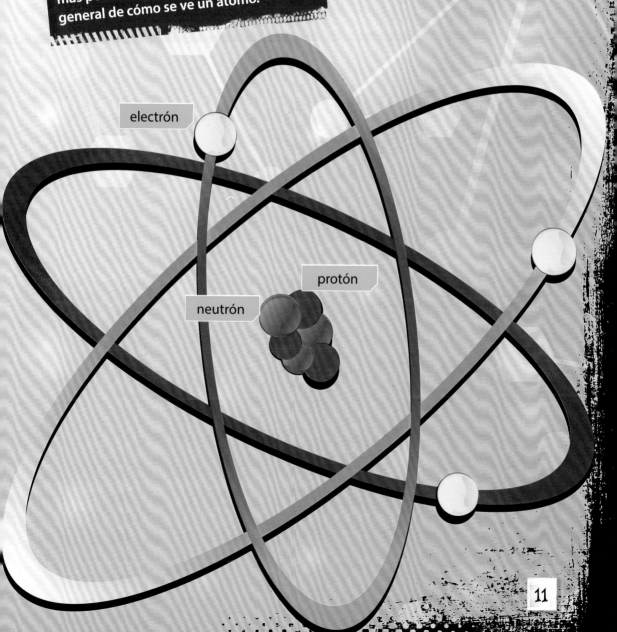

electrón

protón

neutrón

Los átomos también tienen **neutrones**. Estos no son ni positivos ni negativos. Son neutros. En otras palabras, están equilibrados y no tienen carga. Se encuentran con los protones en el centro de un átomo. El centro del átomo se llama *núcleo*.

Un átomo neutral tiene la misma cantidad de protones y electrones. Pero los átomos ganan y pierden electrones. Eso hace que los átomos sean positivos o negativos. Los átomos buscan el equilibrio. Cuando son positivos, atraen a los electrones. Cuando son negativos, los alejan.

La electricidad es la energía que producen los electrones en movimiento. Primero, un átomo negativo se deshace de un electrón. Ese electrón perdido salta al átomo más cercano. El nuevo átomo se deshace de un electrón. El ciclo continúa una y otra vez. El resultado es un flujo de energía.

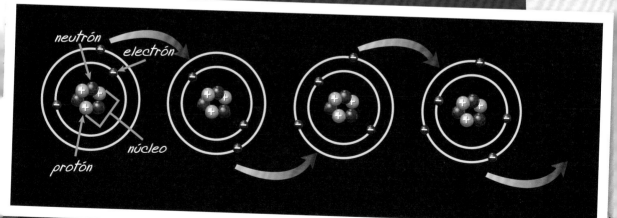

Los protones y los neutrones pueden descomponerse en partículas más pequeñas llamadas cuarks.

¡Genial!

Si frotas un globo contra el cabello, se parará. Esto se debe a que los electrones han saltado desde el cabello hasta el globo. Y los átomos con carga positiva (+) del cabello se repelen o alejan entre sí. Entonces cada cabello se separa de los demás. Pero los átomos con carga positiva del cabello se ven atraídos hacia los átomos con carga negativa del globo.

— átomo con carga negativa
+ átomo con carga positiva

Corrientes y circuitos

El flujo de la electricidad se llama **corriente**. Nos llega de dos formas: corriente alterna (CA) y corriente continua (CC). Cuando enchufamos un dispositivo en casa, este usa la CA. En esta forma, los electrones fluyen de positivo a negativo, al igual que de negativo a positivo. Alternan entre ambas direcciones. ¡Y viajan a gran velocidad!

Cuando las baterías energizan un elemento, los electrones solamente fluyen en una dirección. ¿Alguna vez has observado los símbolos en una batería? Indican un extremo negativo (–) y un extremo positivo (+). En la CC, el flujo siempre comienza del extremo negativo y se desplaza hacia el extremo positivo.

La electricidad fluye desde una batería cuando se une a otro objeto para formar un **circuito**. Un circuito es como un círculo. Si se rompe un circuito, se interrumpe el flujo. ¿Qué sucede cuando bajas un interruptor de la luz? Las luces se apagan porque se rompe el circuito.

Corriente continua

Limonada eléctrica

Exprimir un limón es una forma de hacer limonada. Pero hay otra manera de sacarle jugo a un limón.

1. Busca un adulto que te ayude a doblar un alambre de cobre y un sujetapapeles en forma de U.
2. Haz rodar el limón para que suelte los jugos y luego clava los extremos afilados de los alambres.
3. Toca los alambres con la lengua. ¡Siente la energía de una batería de limón!

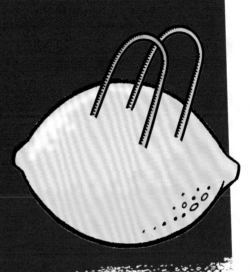

La corriente eléctrica de los oídos "enciende" los nervios del cerebro. Esto nos permite oír cosas.

Existen dos tipos básicos de circuitos: en serie y paralelo.

¿Qué es lo que generalmente hace que una tira de luces se apague? Una bombilla dañada. Esas luces están en un circuito en serie. Un cable pasa a través de cada bombilla camino a la siguiente. Si una bombilla se afloja o se quema, el circuito se rompe. Ya ninguna de las luces funcionará.

¿Qué sucedería si todas las luces de tu casa estuvieran conectadas en serie? Si se quemara una bombilla, todo se oscurecería y dejaría de funcionar. Y no sabrías cuál de las bombillas debes reemplazar. Tendrías que revisar cada una para arreglar el problema.

No debería sorprenderte que la mayoría de las cosas en nuestra casa no usan circuitos en serie. En cambio, tienen circuitos paralelos. Para este tipo de circuito, cada elemento que necesita energía tiene una trayectoria propia separada. La corriente tiene más de una trayectoria a la vez. Si se rompe una trayectoria, las otras seguirán funcionando.

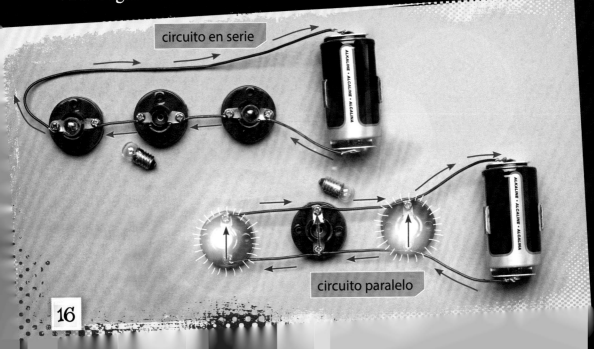

circuito en serie

circuito paralelo

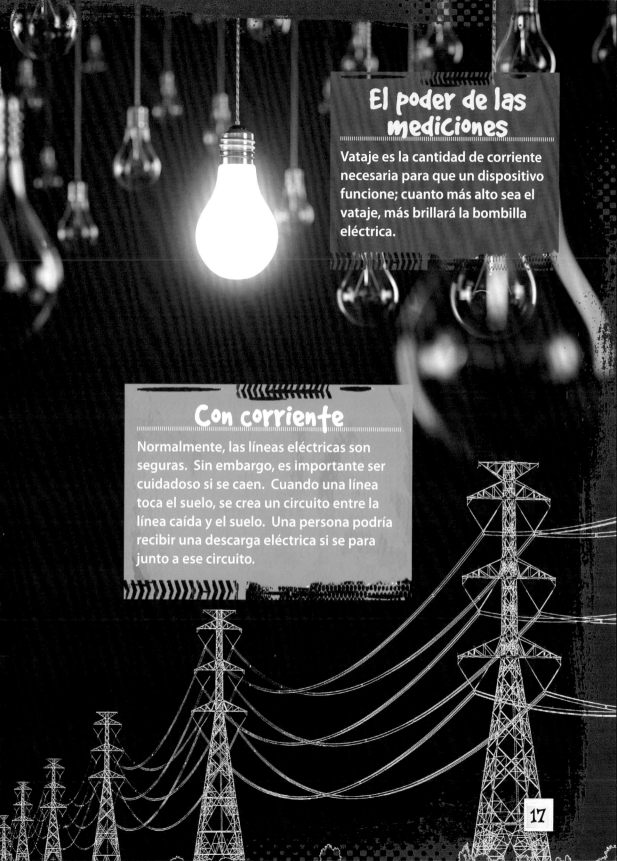

El poder de las mediciones

Vataje es la cantidad de corriente necesaria para que un dispositivo funcione; cuanto más alto sea el vataje, más brillará la bombilla eléctrica.

Con corriente

Normalmente, las líneas eléctricas son seguras. Sin embargo, es importante ser cuidadoso si se caen. Cuando una línea toca el suelo, se crea un circuito entre la línea caída y el suelo. Una persona podría recibir una descarga eléctrica si se para junto a ese circuito.

Magnetismo

Algunos imanes se forman naturalmente. Uno de estos imanes se encontró hace miles de años. Se trata de una roca llamada *calamita*.

Pero la mayoría de los imanes de hoy están hechos de hierro y acero. Estos materiales no son imanes naturales. Los "entrenamos" para ser imanes.

La mayoría de los imanes se hacen con una corriente eléctrica. Cuando los electrones se mueven en la misma dirección, crean una corriente. Esto crea un efecto magnético. Los objetos magnéticos pueden atraer hierro y otros metales. Pero los imanes no atraen todos los metales. Incluso el imán más fuerte no puede atraer la plata ni el oro. Y los elementos que no son metales, como el vidrio, el plástico y la madera, nunca son atraídos por los imanes. En el oro, el plástico y la madera, los electrones se mueven en muchas direcciones. No hay magnetismo.

calamita

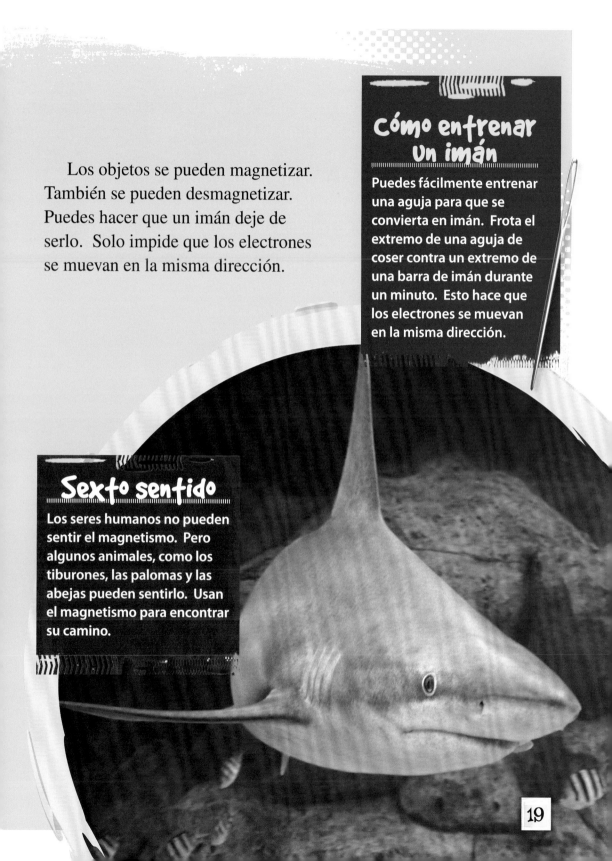

Los objetos se pueden magnetizar. También se pueden desmagnetizar. Puedes hacer que un imán deje de serlo. Solo impide que los electrones se muevan en la misma dirección.

Cómo entrenar un imán

Puedes fácilmente entrenar una aguja para que se convierta en imán. Frota el extremo de una aguja de coser contra un extremo de una barra de imán durante un minuto. Esto hace que los electrones se muevan en la misma dirección.

Sexto sentido

Los seres humanos no pueden sentir el magnetismo. Pero algunos animales, como los tiburones, las palomas y las abejas pueden sentirlo. Usan el magnetismo para encontrar su camino.

Todos los imanes tienen dos polos. Están en cada extremo de un imán. Se llaman el polo *norte* y el polo *sur*, igual que los polos de la Tierra. Los polos opuestos se atraen. Los polos norte y sur se atraen. Pero dos polos iguales, se repelen. Por ejemplo, dos polos norte se repelen mutuamente.

Todos los imanes tienen un límite de fuerza. El área que puede afectar se llama *campo magnético*. Los campos son áreas donde las fuerzas influyen en los objetos. Cuanto más fuerte sea el imán, más grande será su campo. Pero más grande no siempre es más fuerte. El imán más fuerte de la Tierra es 500,000 veces más fuerte que el más grande. ¿Puedes adivinar cuál es el imán más grande? ¡Es la Tierra misma!

Las líneas de campo se unen en los polos magnéticos. Es ahí donde la fuerza magnética es más fuerte.

Planeta imán

Los científicos creen que la Tierra actúa como un imán porque su centro es principalmente hierro caliente y líquido. Al girar la Tierra, se produce una fuerza magnética.

Electromagnetismo

Los científicos encontraron la conexión entre la electricidad y el magnetismo hace casi 200 años.

Hans Christian Oersted fue el primero en notarla. Les estaba mostrando a sus amigos cómo el metal actúa como conductor. Fue entonces cuando vio la aguja de su brújula moverse. Oersted supo al instante que había encontrado la conexión entre la electricidad y el magnetismo. Pero no pudo descubrir cómo ni por qué funcionaba.

En la actualidad, los científicos comprenden los imanes mucho más profundamente. Han descubierto maneras de crear electroimanes, que son mucho más fuertes que los imanes comunes. Y están en todas partes. Todos los motores eléctricos los usan. Son los que hacen que los motores giren. Encienden los automóviles y nos ayudan a cortar el pasto. Incluso hacen funcionar nuestros ventiladores. En el centro de cada planta eléctrica hay un electroimán. Este crea energía dentro de un **generador**. Así es como la electricidad llega a nuestros hogares. Todos los altoparlantes los usan. Están dentro del radio, el reproductor de MP3 y los auriculares. También están en los teléfonos, los televisores y las computadoras. Hasta están en el parque de diversiones. Ahí, aceleran y frenan las atracciones más veloces.

Tipos de imanes

magnetita

Natural

- se encuentra en el suelo

- siempre está funcionando

Temporal

- hecho por el hombre

- se crea frotando un objeto con un imán permanente

- pierde su magnetismo con el tiempo o cuando se deja caer o se calienta

Permanente

- hecho por el hombre, conserva su magnetismo

- generalmente hecho de hierro

- siempre está funcionando

Electroimán

- de hierro o acero dentro de un cable **enroscado** conectado a una corriente eléctrica

- más fuerte que los imanes regulares

- se puede encender y apagar

La electricidad crea un campo magnético. ¡Pero un imán en movimiento también crea un campo eléctrico! Significa que puedes crear un imán con electricidad. Y puedes crear electricidad con un imán. Este proceso se llama **inducción**.

Los cables son trozos de metal finos y flexibles. A menudo, se emplean en trabajos de electricidad. Por lo general, en un cable los electrones se mueven en todas las direcciones. Cuando un campo magnético se mueve por el cable, los electrones viajan repentinamente en la misma dirección. Así se crea una corriente. La corriente puede ser débil o fuerte, según la fuerza y la velocidad del campo magnético. Si el cable está enrollado, entonces el campo magnético atraviesa distintas longitudes de alambre y más electrones se verán afectados. Eso también fortalecerá la corriente.

Creación de una corriente

Por lo general, los electrones se mueven en diferentes direcciones.

Cuando un imán se mueve a través de un cable, todos los electrones se mueven en la misma dirección.

La inducción en acción

Los campos magnéticos se pueden usar para inducir la corriente en los faros de una bicicleta. A medida que la bicicleta se mueve, el neumático acciona una rueda en la parte superior de un pequeño contenedor que tiene un imán. Esto acciona un imán que hay adentro. Se induce una corriente. La corriente recorre el cable. Así, alimenta la lámpara de la bicicleta.

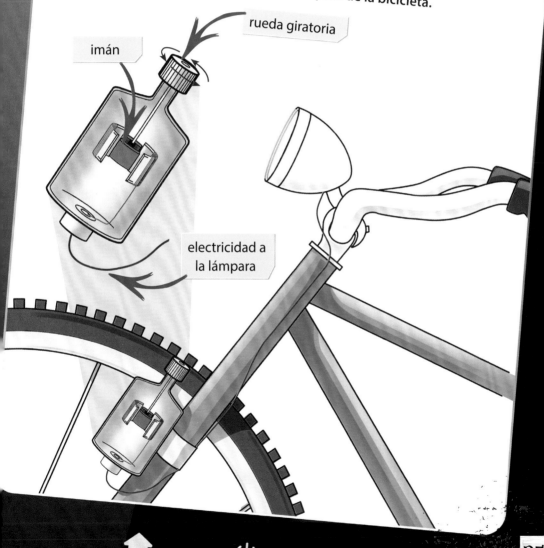

rueda giratoria

imán

electricidad a la lámpara

El conocimiento es poder

Todavía seguimos explorando lo que puede hacer la fuerza de un campo magnético. Los nuevos trenes superrápidos tienen rieles electromagnéticos. Lo que hacen es flotar sobre las vías. La NASA está diseñando un nuevo sistema de lanzamientos con electroimanes. ¡Transportarán un avión de reacción por una pista a una velocidad de 390 kilómetros por hora (240 millas por hora)!

El electromagnetismo está creando el futuro. Pero es también una fuerza que usamos todos los días. Es la que alimenta el mundo que conocemos. Es la que activa tu despertador. Cuando te paras de la cama, es la que enciende la luz de tu habitación. Te acompaña cuando viajas a la escuela en automóvil o en autobús. Y es la que te permite escuchar música o mirar la televisión cuando vuelves a casa.

Tal vez antes no sabías su nombre. Pero a esta altura está claro: ¡conocer el electromagnetismo es poder!

La fuerza electromagnética es increíblemente fuerte.

¡Es incluso más fuerte que la gravedad!

Piensa como un científico

¿Qué se necesita para construir un imán?
¡Experimenta y averígualo!

Qué conseguir

- ➲ alambre de cobre aislado
- ➲ batería de 9 voltios
- ➲ sujetapapeles metálicos
- ➲ un lápiz o un clavo grande

Qué hacer

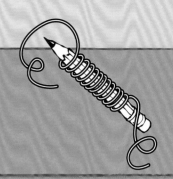

1 Enrosca el alambre para formar una espiral en torno a un lápiz o un clavo grande. Deja algunas pulgadas de alambre de cobre sueltas en los extremos. (Pide a un adulto que corte el alambre si es demasiado largo).

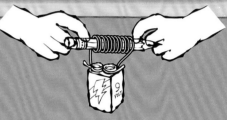

2 Enrosca las partes sueltas del alambre alrededor de una de las dos terminales de la batería. (La terminal es la parte que sobresale de la forma principal).

3 Coloca tu electroimán sobre una pila de sujetapapeles. Observa lo que sucede.

4 Experimenta con la fuerza del imán. Repite el experimento. Cada una de las veces, ajusta o afloja las espirales de alambre. ¿Qué diferencias se producen con esos cambios? Registra los resultados en una tabla como la que ves a continuación.
*Nota: Cuando hayas terminado, desconecta el alambre de la batería para evitar que se caliente de más.

Cantidad de espirales	Cantidad de sujetapapeles

Glosario

átomos: partículas pequeñas que componen la materia

circuito: el recorrido completo que hace una corriente eléctrica

conductor: un material u objeto que permite que el calor o la electricidad lo recorra

corriente: un flujo de electricidad

electricidad: una forma de energía constituida por un flujo de electrones

electricidad estática: la carga eléctrica que se acumula en la superficie de las cosas en vez de seguir una corriente

electrón: una partícula con carga negativa que viaja alrededor del núcleo de un átomo

enroscado: doblado en círculos

generador: una máquina que produce electricidad

inducción: el proceso mediante el cual se produce en un objeto una corriente eléctrica, una carga eléctrica o un magnetismo cuando se encuentra cerca de un campo eléctrico o magnético

neutrones: partículas con cargas neutras que forman parte del núcleo del átomo

órbita: el recorrido circular que sigue un objeto cuando se mueve alrededor de otro

protones: partículas con carga positiva que forman parte del núcleo del átomo

Índice

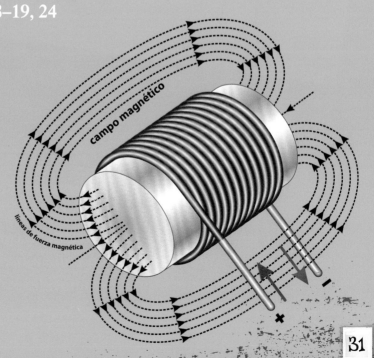

¡Tu turno!

La danza eléctrica

Reúne a un grupo de amigos. Entrega a cada amigo una tarjeta que tenga escrita la palabra *positivo* o *negativo*. Pega la tarjeta en la parte delantera de la camiseta de cada persona. Ahora, inventa un baile relacionado con las cargas. Recuerda que las cargas opuestas se atraen y las cargas iguales se repelen.